How to get OMsubi & Partners

自分も周りも幸せにする

おむすび

三木浩之
Hiroyuki MIKI

SOGO HOREI PUBLISHING CO., LTD

推薦の言葉

この本は交渉に関する本です。

ここで「わたしには関係ない」と
本書を閉じようとしたあなた、
ちょっと待ってください！

辞書で交渉を調べると
「話し合うこと」
という意味が出てくるはずです。

人生のなかで、だれかと話し合わない日がありますか？
じつは、交渉とは、仕事だけでなく、
人生のすべての局面で日々発生するものです。

本書には、交渉を成功させるためのノウハウが
ギッシリ詰まっています。

それでも、まだ、あなたは、
本書を閉じますか？

じつは、この本の著者であり、友人の三木さんから、
本書の原稿の校了前に、
「博士、ぼくの本、明後日までにチェックしてください！」
と連絡がありました。

「えぇー‼　社長、明後日までですか⁉
しかも、なんでぼくがそんなことまで⁉」
とかいろいろ思ったのですが、
気がつけば、パソコンに向かっている自分がいました。
三木さんには、人を本気にさせる魅力があります。
本書を読めば、その秘密がわかるはずです。

クロイワ・ショウ

はじめに

こんにちは。
三木浩之と申します。

大阪出身の会社経営者で、
「投資用不動産」の売買をしています。

サラリーマンから独立し、今では
都内でも1、2位を争う高級住宅地・南麻布に
会社を構えることができました。
個人資産も億を超えています。

こう書くと、スゴイ人なのでは……
と思う人もいるかもしれませんが、
最初はまったくその反対でした。

ぼくは高校卒業後、プロのミュージシャンを経て営業の仕事に就きました。
ギターも営業も、決して得意だったわけではありません。
でも、自分に向いていないと思ったからこそ、
「できるようになったらスゴイ！」と思って、一心不乱に努力したのです。

そうして、ぼくの「不得意」は「仕事」になりました。

世の中の多くの人は、
自分が「向いていること」「得意なこと」を選びます。

そういう人は、それが向いていない人、苦手な人の気持ちや、
学習のポイントをなかなか理解できません。
努力しなくても、自然とできてしまうからです。

裏を返せば、ぼくみたいに失敗をくり返してきた人ほど、
教えることに向いていると言えます。

だから、本来、数学の先生も、数学の得意な人がなるのではなく、
もともと苦手だったけど得意になった人がなるべきです。

本書では、僕の人生経験から得た
苦手を得意にするノウハウを書いています。
考え方、ノウハウは、いずれも短い項目に整理しました。
なので、ふとしたときにページを繰っていただければ、

ひとまとまりがサラッと読めて、
簡単に役立つ知識が手に入るはずです。

また本文では、多数、交渉を例に出して説明しています。
読者のみなさまは、
それを、自分で言うところの交渉ごとに置き換えて
読んでほしいと思います。

また、ぼくはビジュアル系のバンドをやっていたので、
音楽を例に出すことも多いです。
そこはご愛敬で(^o^;

最後に、タイトル「おむすび」について。
これは、この本が、

「あなたと『仕事や人生のパートナー』をむすぶ
キッカケになってほしい」という意味でつけました。

OMsubiとPartners

だから弊社の名前は、
OMPartnersなんです。

冗談です。

さておき、
読者のみなさまのより豊かな人生を願って。

三木浩之

CONTENTS

推薦の言葉 …… 3
はじめに …… 6

第1章 好尚

1 トップダウン …… 16
2 意表 …… 19
3 教訓 …… 23
4 石橋 …… 25
5 一流もどき …… 28
6 真似リザ …… 31
7 インパクト …… 34
8 余裕 …… 37
9 Yes愛do …… 40
10 ホトトギスはどこ? …… 43
11 時間 …… 45
12 説得力 …… 48

第2章　工廠

13　商品……52
14　お客さま……56
15　するな！　ゴマ……60
16　大きい芋……63
17　未消化……66
18　言うは難し……69
19　図太メン、、……72
20　春夏周到……75
21　距離感……78
22　演出……81
23　下ごしらえ……84

第3章　高所恐怖症

24　バロメーター……88
25　るいとも……91

26 成功者のるいとも 94
27 シェア 96
28 筋トレ 99

第4章 こうしよう!

29 現場検証 104
30 ネバトル 107
31 現在と未来 109
32 まる裸 111
33 NOテイクアウト 113
34 切り札 117
35 すり合わせ 119
36 強引g my way 122
37 損切り 125
38 親近感 128
39 ポールポジション 131
40 引き際 134

第5章　塩コショウ

41　ハモる……138
42　なれそめ……141
43　チラ見せ……145
44　演目……149
45　優位性……151
46　隠語……153
47　裏打ち……156
48　沈黙……160
49　目線……162
おわりに～士農工商、高仕様～……165
謝辞……172

ブックデザイン　土屋和泉
イラスト　坂木浩子（ぽるか）
DTP　横内俊彦
編集協力　福島結実子
執筆協力　クロイワ・ショウ

第1章

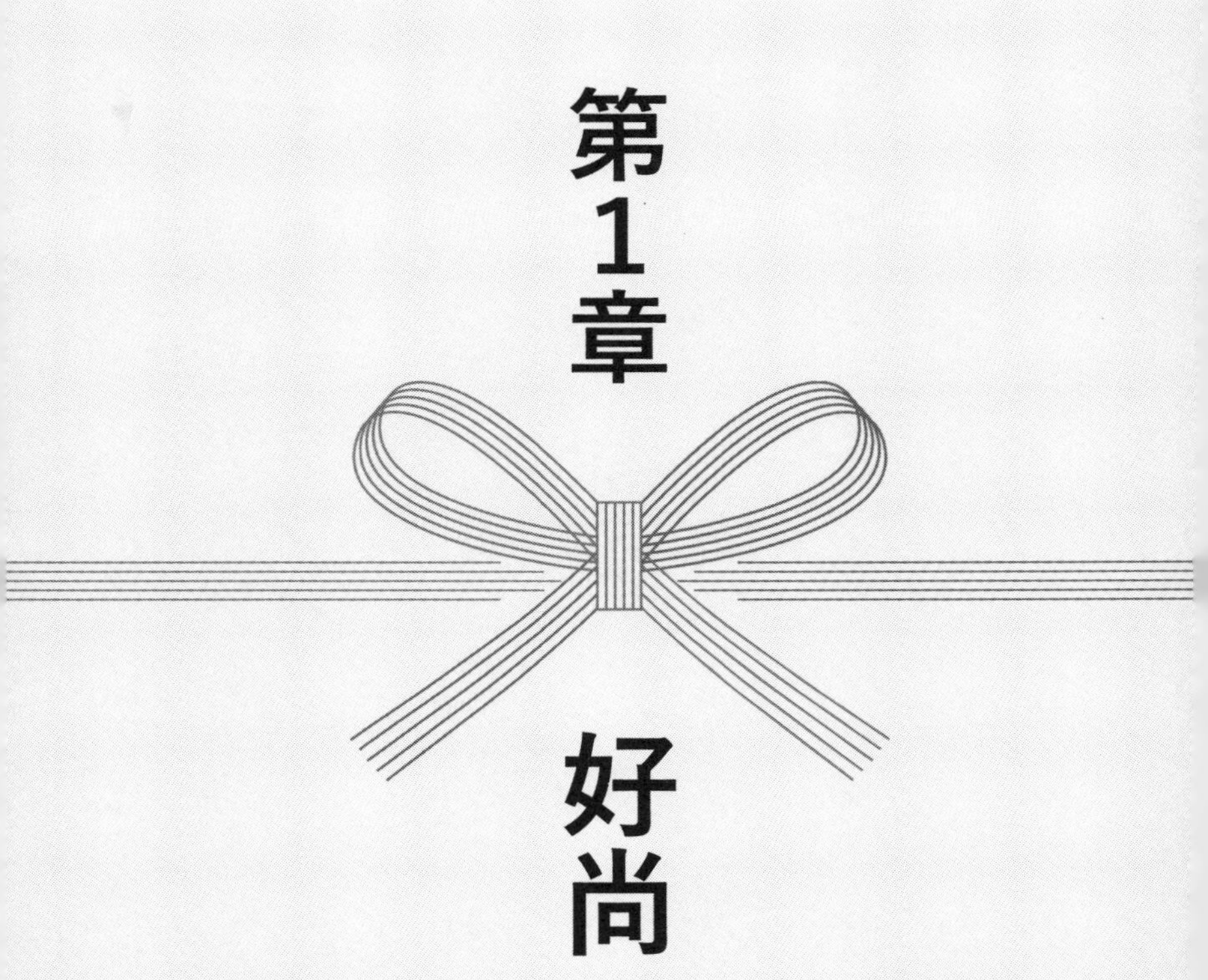

好尚

1 トップダウン

最速で豊かになる方法は、
最高の人に直接教わることです。

自分が一番目指すべき姿に近い人（結果を出している人）に会いに行くのです。
もし抵抗があるなら、「今、自分がアプローチできそうな人」
という条件をつけてもいいでしょう。

「○○さん、ぼくに夕食をご招待させてください」

この一言からスタートしましょう。

そう誘われて断る人は少ないと思います。
結果を出している人ほど、
「おもしろいヤツだな」
と思ってくれる率が高いはず。

もし断られても、
毎日のように、しつこくアプローチし続けます。
「今日は遅くなるよ」と言われたら、
何時までででも待つ。
「熱心なヤツだな」と思われること必至です。

そして最初の機会を得たら、

その後は、**時間と労力を**
その人のためにさくことです。
それが、教えを乞うこととの等価交換です。

そのうち、ご飯だってご馳走してくれるようになるでしょう。
「かわいいヤツ」「便利なヤツ」と思われたら、勝ちなのです。

機会を得たら、時間と労力をその人のためにさく。
そのことを自分の「好尚」、つまり好みとするのです。

トップを食事に誘おう！

2
意表

結果を出していると言われる人、
つまりエグゼクティブの心を一瞬で引き込むには、

「君、おもしろいね」

と思わせることです。
彼らの多くは、
ぼくたちが思っているほど、

社名とか肩書きを見ていません。
それより、**話していて「楽しいか」「好きかどうか」を大切にしています。**

だから、「おもしろさ」を演出しましょう。

どうやって？

無邪気にふるまうのです。
普通は失礼になると思って言えないことを、
あえて言ってみるのです。

ぼくは、いかにも偉そうな相手には
「うわー、なんでそんなに偉そうなんですか？」
などと素直に言ってしまいます。

訪問先で、飲み物を準備してもらえるときには、

「あ、ぼく、コーヒー派なんで、コーヒーをいただきたいです！」

と、あえてずうずうしくふるまうこともあります。

すると相手は、一瞬ギョッとしつつも、

「アハハ、君、おもしろいね」と言ってくれます。


こうなれば、こちらのＯＮ ＳＴＡＧＥです。


もし、相手が怒ったとしても、それで人生が終わるわけじゃありません。

たまには可能性にもかけてみましょう。

それを、自分の好尚とするのです。

おむすびの法則2

相手の意表をつこう

3 教訓

ときには、お客さまを怒らせてしまうこともあるでしょう。

しかし、その失敗にひるんではいけません。

失敗とは前進です。

失敗とはスパイスです。
その経験を次に生かせば、

その後、失敗する確率はぐんと低くなります。

これまでの小さな成功体験にすがるのではなく、どんどんチャレンジして失敗してほしいと思います。

その執念深さが、また次なるチャンスを運んでくるのですから。

執念深さ。

それを自分の好尚とするのです。

失敗にひるむことこそ大失敗！

4
石橋

「石橋をたたいて渡る」
と言われますが、
厳しい競争を頭１つ飛び抜けるには、あえて

「石橋を渡らない」

という選択もありだと思います。
ぼくなら、長い棒を見つけてきて、

棒高跳びのように跳んでみます。
適切な棒を探し出し、
強度を確かめ、飛距離を予測します。

それでも、跳んだ瞬間に、
棒が折れるかもしれません。
仕方ありません。それが自分の実力だからです。

でも、落ち込むことはありません。
「棒が折れたのは自分のせいだ」
と思うことができれば、そこに成長があるからです。

他方、石橋に頼っている人は、そうはいきません。
石橋が崩れたら、きっと「この石橋が悪い」と思うでしょう。

周りのせいにしているかぎり、一向に実力はつきません。

他人が作った石橋を渡って落ちるか、
自分で見つけた棒で跳んでみるか。

「川に落ちた」後、生き延びるとしたら、
自分のせいにする人と他人のせいにする人とでは、
その後の結果に雲泥の差が出るものです。
だからこそ、自分のせいにする。
それを自分の好尚とするのです。

成長は、「自分のせいにすること」からはじまる

5 一流もどき

高級品を身につけることで、
人は、「一流になった」という錯覚が芽生えます。

装いが一流になると、周囲もあなたを一流として扱いはじめます。
レストランやホテルで、価格以上のサービスが受けられるのです。

そうすると、人は、
それに見合うように努力しはじめます。無意識に、です。

最初は〝一流もどき〟でいいんです。

努力を通じて少しずつ周囲に与える印象が変わり、
向こうから「付き合いたい」と言われる人になっていきます。

その第一歩として、
20万円のスーツを１着買うことをオススメします。
２万円のスーツを10着買うより、圧倒的にこちらをオススメします。
20万円のスーツなら、10年以上は着ることができます。
大切にもしますよね。

一流ブランドのオーダースーツは、自分の体にしっくりなじみます。
安い既製品の場合、サイズの問題もあり、

どうしてもお仕着せ感が出てしまいます。

先立つお金がないなら、まずは靴から見直してみるのも手です。
足元がバシッと決まっていれば、見栄えも変わってきます。

それも難しければ、財布やペンを、
今よりもう1～2ランク上のものに変えてみてはいかがでしょう?

それを自分の好尚とするのです。

高級スーツを一着買おう

6

真似リザ

いくら靴を磨いても、
履く人が履きこなさなければ、意味がありません。
人間も同じです。
いくら中身を磨いても、
それが表に現れなければ、無用の長物です。
したがって、効果的な演出も必要です。

そのために必要なのが「**自信**」です。
自信は身なりや所作に反映されます。

自信とは、根本的には思い込みです。
「いかに自分をだますか」です。

それがうまい人の言動は自信に溢れています。
まず、自分が目標としている人を想像してみましょう。

次に、その人の真似をしましょう。
装いから振る舞いまですべてです。
その人になりきって「演じる」のです。

すると、いつのまにか自信が芽生えてくるのです。

憧れの人の真似をしよう！

あのモナリザを描いたダ・ヴィンチだって、
絵を習いたてのころは真似から入ったはずです。

真似る。
それを自分の好尚とするのです。

7 インパクト

あなたは自分のことが好きですか？

「よくわからない」「まあまあかな」「……嫌い」と答えた方へ。
とにかく**「自分らしく」行動してみましょう。**

会社の人間としてキチンとすべきだ、
入社○年目だからシッカリすべきだ、
恥をかかないようにすべきだ……

この「すべき」から自己を離すべきです（って、言うとるがな！）。

それより、**「自分らしい」と感じるところを見つけ、**

そこを全面に押し出すのです。

たとえば、学生のころ、茶髪でロン毛、ヤンチャだった人にかぎって、

会社員になったとたん、黒髪、短髪にしてくることがあります。

でもそれは、とてももったいないことだとぼくは思います。

みんなと同じことをしたら、

「自分らしさ」が出ません。

他人にない「自分らしさ」。

ぼくは、それをつくることで自分のファンをつくってきました。

おむすびの法則7

万人受けを目指すのは、やめよう

自分のスタイルを持つと、必ず「いいな」と思ってくれる人が現れます。

ナルシストな側面も武器になります。
たとえスタイルが奇抜でも、
中味がまともであれば、そのギャップが魅力に変わるのです。

自分らしさ。
それを自分の好尚とするのです。

8
余裕

「二兎を追う者は一兎をも得ず」

というコトワザがあります。

ただし、営業にかぎっては、これは違います。

一人のお客さまに集中すると、

「このお客さまを逃すと、後がない」

という必死感を漂わせてしまいがちです。

たとえ、どんなに良い商品でも、

人は、〝必死感漂う営業マン〟から積極的に買いたいとは思いません。

お客さまは〝できる感バリバリの営業マン〟からこそ、買いたがるのです（第2章22「演出」参照）。

ですから、営業の世界では

「二兎を追う者は三兎も四兎をも得る」

です。

恋愛も同じです。

「次、次、次」というアプローチが功を奏します。

それを自分の好尚とするのです。

二兎を追おう！

9
Yes愛do

交渉の成否は、
「イエス」の数で決まります。

心理学の世界では、小さな承諾をたくさん取ることで、大きな承諾を取りやすくなることが知られています。
（それを利用した説得法はフット・イン・ザ・ドア法と呼ばれています）

ぼくも、その通りだと思います。

イエスを求め、
イエスを愛して行動しましょう。

それがＹｅｓ愛ｄｏです。

結果を出す人は、「イエス」を積み重ねる人です。

「たくさんのイエスを集める」ことは、
「たくさんの拍手を集める」ことに似ています。

あなたが話を終えた時点で、
相手がスタンディングオベーションでもしかねない勢いで
拍手する姿をイメージしてください。

それを自分の好尚とするのです。

おむすびの法則9

目指せ、拍手のＧＥＴ

10 ホトトギスはどこ？

ぼくは会社員になりたてのころから、

「自分が会ったお客さまは１００％自分から買ってくれる」

と思い込んで仕事をしてきました。

アポを取り付け、実際に面会までこぎつけた場合の成約率は8割ぐらいです。

これはぼくに何か特別な能力があるからではないと思っています。

ただ、そういうお客さまが見つかるまでトライし続けただけにすぎません。

「七転び八起き」と昔の人は言ったものです。

営業にも、それがそのまま当てはまります。

ホトトギスが鳴かずトホホと思うことがあっても、

鳴くトホホギスを探し続けましょう。

それを自分の好尚とするのです。

鳴くトホホギスを探せば良し

11
時間

できる営業マンの会話は
簡にして要を得ています。

反対に、できない営業マンの会話は、
無駄に長く、中味がグチだけだったりします。

ぼくが会社員だったころ、
同じように内容のない言葉をつむいでいたことがあります。

今思えば、時間に対する意識が本当に薄かったと思います。

1分、1秒でも「時は金なり」です。

無意味な会話をする時間を足し合わせたら、
バカにできない時間にふくらみます。

営業電話を1本かけることもできたでしょう。

100万円の商品を
1ヶ月に1点売れば、100万÷20日＝日給約4万円。
1週間に1点売れば、100万÷5日＝日給20万円。
1日に1点売れば、100万÷1日＝日給100万円です。

１分１秒を意識しよう！

タイムイズマネー。
だから、交渉は時間内。

ぼくの経験上、
制約までの時間が短いほど、利益も大きくなります。
だから**見切りが大切なんです**。

時間を大切にする。
それを自分の好尚とするのです。

12 説得力

人は、経験してはじめて話に説得力が生まれます。

たとえば、
レクサスの担当者がプライベートで、
ダイハツに乗っていたとしたら、どうでしょう？
あるいはフェンディの店員がふだん、
ユニクロを着ていたら、どうでしょう？

その人が買ってもいないもの、
その人が使ってもいないものを勧められても、
人の心は動きません。

そこにリアルな説得力がないからです。

ぼくは、会社員になって年収１０００万円を超えたとき、
真っ先に自分で不動産を買ってみました。

そうしたら、不動産投資は資産をつくる方法の１つで、
すごく有効な手段だということがわかりました。

だから、「このことを、もっと多くの人たちに知ってもらいたい！」と、
心から思うことができました。

商品を売るなら、まず自分がお客さまになろう

今、自分の会社で不動産の仕入れをするときも、
絶対に自信の持てる商品だけを選んで買っています。
自分で経験したことが、とても役に立っていると思います。

お客さまは、商品を見る目がとてもシビアです。
だから、体験することなく営業トークを完璧にしたとしても、
必ずほころびが出ます。

しゃべるなら、まずは自分で体験して「リアルな情報」を得る。
それを自分の好尚とするのです。

第2章 工廠

13
商品

ぼくは、**商品とは、**

お客さまへの「ギフト」

と考えています。

ギフトと言えば、
たとえば結婚指輪あるいは

バレンタインデーのチョコレートです。

では、質問です。
あなたは、だれにでも結婚指輪をあげますか？
だれにでもチョコレートをあげますか？

相手に合わせてギフトを考えますよね。
逆に、ギフトに合わせて
相手を選ぶとも言えます。
ぼくは、そうすべきだと思っています。

高級ブランドの店員は、
まずお客さまの時計や靴を見ると言います。
そのブランドに「相応しい」お客さまかどうか、

それを見極めるためです。

ぼくの扱っている不動産は、高価なギフトです。

だから、今まで仕事をがんばってきて、
それなりのステイタスと財力を手に入れた人を選びます。

お客さまはこのギフトを手に入れることで、
定年を迎えるころに、
老後の生活を補ってあまりあるほどの
財を得ることができるでしょう。

ぼくは、いつも、お客さまにこう伝えます。
「65歳になったときに得られるお金が、

今のぼくからのギフトだと思ってください」

これが、ぼくの工廠（こうしょう）で作り、得た結論です。

※軍需品を製造する工場を「工廠」と言います。

商品はギフト！

14
お客さま

ぼくは、「ウィン・ウィン」という耳当たりのいい言葉で、
お客さまにすりよろうという根性が苦手です。
自分とお客さまの関係は、そんな言葉では見えてきません。

ぼくは**お客さまを**
「パートナー」
と定義しています。

パートナーとは、配偶者をはじめとして、
生涯にわたって続く関係のことを指します。

ぼくたちは、より良い将来を築いていくパートナーとなるために、
物件を売ったり買ったりしているのです。
だからこそ「営業」という仕事に価値があると思っています。

つまり、
「売ってサヨウナラ」ではなく、
「売ってはじまり」です。

だから、相手のためになるプランを必死で考えます。
そうじゃないと、生涯にわたるお付き合いができないからです。
パートナーと思っていただけているからこそ、

お客さまにも次の約束をしていただけます。

①働いている間は利益に手をつけない
②リスクはつきものであると理解する（①はリスクヘッジの意味でも大切）
③不動産投資で得た利益を別の投資に回さない

ぼくたちは、この3つをすべて約束していただける人にしか、自分たちの物件を売りません。

また、パートナーにしたくない人にも売りません。

嫌いな人と付き合って続きますか？

精神的に無理のある交際は、長くは続きません。

お客さまはパートナー！

「こんなことになるなら付き合わなければ良かった……」と、
お互い後悔するはずです。

お客さまも同じです。

パートナーという言葉には、
営業マンのプライド、仕事観を根底から問う、
大切なポイントが潜んでいるとぼくは思うのです。

これが、ぼくの工廠で作り、得た結論です。

15 するな！ ゴマ

アラビアン・ナイトの「アリババと40人の盗賊」では、「開け！　ゴマ」と唱えると、洞窟の入り口が開きました。ゴマにはそうしたポジティブな意味が込められています。

では「ゴマをする」というのはどうでしょうか？

ぼくは、それは「ゼッタイにダメ」と断言します。

じつは、ぼくはだれのことも「お客さま」なんて思ったことがありません。

ぼくも相手も、
「営業する側」「営業される側」である前に
「ただの人」です。

営業とは、
自分の「商品」と
相手の「お金」の
価値の等価交換です。

だから、へりくだる必要も、
反対に横柄になる必要もありません。

つまり「**対等**」です。
「どうしても買ってほしい」とへりくだってしまうと、

お客さまは神さまではなく、「ただの人」と思おう！

本来ありもしない上下関係をお客さまとの間に作り出してしまいます。
経験上、そういうときの成約率は高くありません。

これが、ぼくの工廠で作り、得た結論です。

ちなみに、ぼくの知人のクロイワ博士は、
「お客さまは神さま」という言葉は
「自分が客のときに神さまのように寛大寛容に振る舞おう」という意味で、
「お客さまを神さまのようにあがめることではない」と言っていました。
その通りだと思います。

16

大きい芋

商品は、「最初に誰に売るか」が大切です。

最初に「大きい芋」をつかみさえすれば
それこそ後は「大きい芋づる式」です。

ところが最初が「小さい芋」なら、
その後も「小さい芋づる式」でしょう。
どちらが好きですか？

ぼくは30歳でミュージシャンを辞め、
営業の道に進みました。
そして、さっそく新規顧客の開拓に
とりかかりました。

先輩からもらったリストをもとに、
片っぱしから数百件、電話をかけましたが、
アポが取れたお客さまは２人だけでした。

でも、これがただのお客さまではなかったのです。
１人は年収１３００万円、もう１人は年収２０００万円。
共に有名企業の管理職だったのです。

この２人に売れたことが、大きな転機となりました。

その人たちが次々と、知り合いの方を紹介してくれたからです（第３章25「るいとも」参照）。
努力して成果を出してきた人は、同じように努力し、成果を出そうとする人に協力しようと思うものです。

新規開拓で大切なのは、顧客「数」ではなく「質」です。

これが、ぼくの工廠で作り、得た結論です。

最初からデカい芋づるに照準を合わせよう！

17

未消化

ぼくは、目標とは、いつだって未消化で終わるべきものだと思っています。

未消化で終わると、「次こそは！」と、士気が上がります。

どうしたらもっと売れるようになるかと、死ぬ気で考えるようになります。

そうやってトライ＆エラーをくり返すのです。

「先月は、５つのアポのうち、２つしか決められなかった。

今月は別のやり方をしてみよう」

そうした試行錯誤の中から編み出された必勝パターンが、
あなたにとっての武器になります。

だから、**あえて未消化で終わる、確率の高い目標を掲げます。**

もし達成できた場合、
それは「立てた目標のレベルが低かったから」と考えます。

達成したかどうかを明確にするためには、
数字にすることです。

たとえば、

「5件のアポのうち、3つは1回でクロージングしよう。

残りの2件も3回までには決めよう」

これなら、結果は明快です。

「今より良い状態にしよう」

では、達成率を計算できませんよね？

未消化で発奮する。
これが、ぼくの工廠で作り、得た結論です。

トライアンドエラーをくり返そう

18 言うは難し

「人には口が1つなのに、耳は2つあるのはなぜだろうか。
それは、自分が話す倍だけ他人の話を聞かなければならないからだ」
と、昔の人は言ったものです。

ところが、ぼくは、
初対面の場合にかぎっては、
自分から「話す」ことが大切だと思っています。
「自分」という人間をわかってもらう必要があるからです。

自分がこれまでどういうことをやってきて、どういう想いでいて、
今、どういう提案をしようとしているのか――
ということを一気に話すこともあります。

そこで、相手から興味を持ってもらえるかどうかです。

難しいですよね。
まだ聞いているほうがラクかもしれません。

「くわしくはウェブで」
と言われた人が、実際にウェブにアクセスしてしまう。
そうさせるのが魅力的なＣＭです。

それを目指しましょう。

これが、ぼくの工廠で作り、得た結論です。

自分のことを話して相手を引き込もう

19 図太メン

「いつでもいいので、お時間があるときにお邪魔させてください」

こういう言い方では、永遠にその相手とは会えません。
相手が役職のついている人であればあるほどそうです。

「今月は予定が詰まっているので、来月また電話ください」と、
言われ続けるだけです。

意外に感じるかもしれませんが、

ぼくは自分の都合を先に言います。

「5月10日の14時か5月12日の10時に伺いたいのですが、
いかがですか？」

こうした**図々しさが、時に効果的です**。

ただし、フォローを忘れてはなりません。

そんな「自分の都合も顧みず、図々しくもアポをとりつけた営業マン」が、
実際に会ってみると、
「かわいげたっぷりのヤツだった」らどうでしょう？

そんな良い意味でギャップのある人に、人は心を撃ち抜かれるのです。

これが、ぼくの工廠で作り、得た結論です。

P.S. 他愛のないウソ、お世辞を忘れずに。

かわいげのある図々しさを身につけよう!

20

春夏周、到、

商品は、「いつでも」売れるように用意しておくことが大切です。

たとえば、あなたが営業マンなら、

契約書一式を持ち歩くのがベストです。

「わかりました。では、後日、また契約書を持って伺います」

では、相手の気が変わってしまい、

すべてがムダになってしまう可能性があります。

相手が「イエス」を出した次の瞬間には、契約書をおもむろに出して、
「わかりました。では、これから
手が痛くなるほどサインしていただきますね」

と言うのが、イケてる営業マンです。

意中の女性を深夜にバーで口説いていて、
「では明日、ホテルに行こう」と言う男性はなかなかいないと思います。
「この後、行こう」でなければ、女性からしても興ざめですよね。

季節が変わるごとにいろんな準備が必要なように、
営業も用意を周到に。
それが春夏周到です。

これが、ぼくの工廠で作り、得た結論です。

いつでも商品が売れるようにしておこう！

21

距離感

ぼくは、お客さまと、

つねに一定の距離感を保って接しています。

「お客さまと仲良くなったほうが、思い通りの結果をつかめる」

と思っている人が大半です。

しかし、じつはその反対です。

先に仲良くなってしまっては、目的を見失ってしまいます。

人は、なれ合いの相手から、モノを買いません。

（買うどころか、もらおうなどと不遜なことを考えます）

だからぼくは、「**面会は最多でも3回まで**」と決めています。

① **1回目は、あいさつと自己紹介と雑談**
② **2回目は、商品の概要やメリットのプレゼン**
③ **3回目は、クロージング**

といった感じです。

でも、たいていは1回で済ませます。

4回、5回と面会を重ねてしまうと、

「ただの友人」のようになってしまいます。

何もないままデートの回数が多くなればなるほど、
「ただのお友だち」になってしまいがちな
男女関係と一緒ですね。

これが、ぼくの工廠で作り、得た結論です。

面会回数で距離感を調整しよう！

22 演出

「この人、できる」と思わせる演出も大切です。

あえて、アポには、ジャスト、もしくはギリギリの時間に行く。
話もテキパキと、
世間話ですらスマートかつスピーディに進めるように心がけます。
交渉中、一度や二度、電話に出てもいいくらいです。
そうすれば、相手は

「へえ、この人って忙しい人なんだな」と思うでしょう。

サラリーマンの場合、

忙しい=有能

です。

「ウソも方便」と言います。

「演出とは方便」と理解してください。

それに、タイムイズマネーですから、

何でも速いにこしたことがないわけです。

これが、ぼくの工廠で作り、得た結論です。

忙しい人を演じよう

23
下ごしらえ

ぼくは、交渉に臨むとき、
可能なかぎり、相手のことを事前に調べるようにしています。

話が99％進んでいても、最後の1％で、くつがえる可能性があるからです。
その1％を事前に想定できていれば、
結果は違ったかもしれません。
だから万全の準備をもって勝負に臨みます。

相手について事前に調べておこう！

たとえ「ノー」と言われたとしても、
自分ができうる最善の準備をしていれば、後悔せずに済みます。

それどころか、相手のほうから
「こんなに相談に乗ってくださったのに、決断できなくてすみません」
と思ってもらえたりします。
相手が「もう次の交渉の場に行っていいですよ」と、
背中を押してくれたりするのです。

これが、ぼくの工廠で作り、得た結論です。

第3章 高所恐怖症

24 バロメーター

ぼくのお客さまのほとんどは
年収1000万円以上の人です。

彼らの共通点はズバリ、
努力家。

とくに、会社員と創業社長にその傾向があります。

彼らの多くは、
常に学び、努力することを惜しみません。
人徳や人心掌握の術を獲得したからこそ
今のポジションにいます。

今、年功序列で順繰りに出世できる時代では
ありません。
だから、

年収=能力

その能力の中には、学ぶ能力だけでなく、
学んできたことを「お金に換える」能力も含みマス。

高収入の人をターゲットにしてみよう！

ぼくは、普段、彼らと話をするとき、
そういう能力も見マス。
見るマスカラス。
なぜなら、学べることが多いからです。

高年収の人は決断が速い。
結果、話もスムーズに進みます。

高いハードルに感じなくて大丈夫です。
高所恐怖症を克服しましょう。

25
るいとも

「類は友を呼ぶ」
古来から伝わるコトワザです。

周りを見渡せば、
簡単に確認できる現象ですよね。

人間は同じようなタイプの人と群れます。

会社はその典型です。
学校や友人もそうだと思います。

人類には同調圧力（ピア・プレッシャー）
というのがかかっているので、
仕方ないのかもしれません。

しかし、**群れていては**
あせもはできても
成功はできません。
性交もできません。
はい、すみません。

お客さまを「るいとも」で選ぶと、

いつまでたっても、
「今の自分のレベル」以上のお客さまに
出会うことが難しくなります。

簡単な話です。高いハードルに感じなくて大丈夫です。
高所恐怖症を克服しましょう。

「るいとも」じゃない人を選ぼう♪

26

成功者のるいとも

先ほど、るいとも以外の人を選ぼうと話しました。
が、例外があります。
それは、「**成功者のるいとも**」です。

成功者は、みんな揃って
XIV（エクシブ）に泊まったりしていますよね。

成功者の周りには成功者が集まります。

だから、そうしたグループに、
多少ムリをしてでも入ることができたら、
さらなる豊穣の地が広がっていることは、
容易に想像できますよね？

簡単な話です。高いハードルに感じなくて大丈夫です。
高所恐怖症を克服しましょう。

成功者の「るいとも」にすべり込もう！

27
シェア

成功者の多くは
「自分一人だけいい思いをしよう」
とは考えません。

彼らは、**自分が「良い」と思ったものは、**
率先して仲間と共有しようとします。
彼らが好んでシェアするのは、
モノや情報、そして「人」です。

日ごろ、良い情報を共有していれば、
自分にも良い情報が回ってきます。

仲間にとって有益だと思えるものをシェアすると、
めぐりめぐって自分にも旨味がきます。

成功者は、こうした
「持ちつ持たれつ」の関係を保つメリットを、
経験的に、あるいは家庭で教わって熟知しています。

「**仲間に対する利他的な精神**」
これが成功者のコミュニティで
認められるための必要条件です。

お客さまの紹介とは、
コミュニティに貢献する人に対して、
どんどんなされるものです。

簡単な話です。高いハードルに感じなくて大丈夫です。
高所恐怖症を克服しましょう。

情けは自分のためなんです

※「情けは人のためならず」というコトワザの意味を知らない人が意外と多いと言われます。本来の意味は「情けとは自分のため」という意味です。

28

筋トレ

どうすれば成功者と知り合えるのでしょう？

連絡を取り、
会いに行く。

答えはそれだけです。
インターネットで調べる。
異業種交流会に行く。

講演会に参加して声をかける。
知り合いに紹介を頼む。
手紙を書く。
ＳＮＳで連絡を取ってみる。
本を出している人なら、著書を読んでみる。

……知恵を絞ってください。

レベルが高い人に会おうとするのはラクではありません。
しかし、筋トレと同じで、
軽いバーベルばかり持ち上げていても筋力はつきません。

もがきながら、
１つずつステージを上げていくしかないのです。

ぼく自身、そうやって今も一歩ずつ上がっているところです。

恥をしのんで、
失敗を恐れず、
最初の一歩を踏み出さないかぎり、
年収アップにつながる金脈は掘れません。

挑戦するのはタダです。
だからダメもとでいいんです。
あきらめ悪くいきましょう。
たとえ1人や2人、10人や20人に断られても凹まず、
挑み続けましょう。

そうしているうちにも、

自分のなかで育っていくものが必ずありますよ。
簡単な話です。高いハードルに感じなくて大丈夫です。
高所恐怖症を克服しましょう。

自分よりスゴイ人に、がんばって会いに行こう！

第4章

こうしよう!

29

現場検証

事件が起こったら、警察は現場検証を行います。
ビジネスも同じです。

ぼくは、営業マンになりたてのとき、
トークを磨くためにＩＣレコーダーをつねに携帯していました。

いつもポケットにしのばせておいて、
会話を録音し、後から聞いて復習していたのです。

たとえば、Aさんにウケた話が、Bさんにはまったく通用しなかった、ということはよくあります。

どんな相手にもウケる話は何か？
それを導き出すために録音を聞き直すのです。

つまり、**結果から原因を推定するのです。**

ぼくがやってきた方法を紹介します。

①　自分の声と相手の声を、ノートの左右に分けて書き出す

②「NO」と言われた時点に着目

③「相手—自分—相手—自分……」の順番でさかのぼりながら発言を検証

こういう分析をくり返していると、
相手の反応が予測できるようになります。
それによって自分の発言も変えます。
つまり、場をコントロールできるようになるのです。

これからは、こうしましょう！

会話の中から必勝パターンを見つけよう

30 ネバトル

「今月は忙しいので、来月に……」
というのは、断りの常套句（じょうとうく）です。

ぼくは、どんな断る口実を与えられても、決して動じません。

「いえいえ、すぐにでもお話ししたい案件があるんです。
今月中、30分でもいいので、どこかありませんか？」
「どうするんですか？　いつも人の上に立って部下を叱ったり、

大きな額を動かしたりしているんでしょう。
だったら、ここでもバシッと決めてくださいよ」
と、しぶとく、ねばって仕事を取ります。
それが、ネバトル。

熱意に対して、
「じゃあ、1回ならいいかな」と思うのが、人の常なのです。
これからは、こうしましょう!

熱っぽくねばろう!

31 現在と未来

お客さまは基本的に、

「不安」と「欲」を持っています。

それは、言い換えると「現状」と「未来像」です。

「現状が続いた場合」の「不安」を煽り、

「商品を買った場合に期待できる未来像」によって「欲」を刺激するのです。

そのためには、まず、

会話の中から、相手の「不安ポイント」と「欲ポイント」をつかみましょう。

それらに明確に応えることができれば、
相手は「商品を買うしかない」という気になるものです。
（詳しくは、この後の「ＮＯテイクアウト」でお伝えします）

これからは、こうしましょう！

おむすびの法則31

「不安」と「欲求」をつかみ、「満足」につなげよう

32 まる裸

交渉で大切なのは、相手の話を聞くことです。

それも、「ド」がつくほど執念深く、です。


「ご結婚はされていますか？　奥さんってどんな方なんですか？」

（第5章42「なれそめ」参照）

「へえ、〇〇部の部長さんって、お若く見えるのにすごいですね。

ぶっちゃけ、けっこうお給料もいいんじゃないですか？」

と、**あえて聞きにくいことから聞いていきます。**

もちろん愛嬌を忘れずに！（第2章19「図太メン」参照）

肌着一枚残さず、すっぽんぽんになったという確信が得られるまで、ねばり強くヒアリングします。

そうやって引き出したお客さまの情報こそが、「買うかどうか」「どういう引き込み方をしたらいいか」の判断基準になります。

これからは、こうしましょう！

相手に関するすべての情報を引き出そう！

33 NOテイクアウト

「いったん持ち帰って検討します」

こう言われたら、目の前のお客さまを逃す瀬戸際にあると思ったほうがいいでしょう。

目の前で決断しないお客さまは買いません。

お客さまに決断をテイクアウトさせないためには、

具体的に理詰めで説明して、お客さまが決断を怖がるような状態にしないことです。

まず、現在の不安について、こう説明します。

「いいですか。今までもお話ししてきましたが、あなたは年収が１０００万円で、住宅ローンと教育費があるから年間70〜１００万円しか貯められません。ということは、今から定年まで25年として最大２５００万円しか貯められないわけですね。

退職金で２０００万円もらえたとしても、まだ住宅ローンが２０００万円くらい残っていて、差し引かれると考えれば、老後資金は２５００万円。稼ぎ口はなく、２５００万円の蓄えしかありません。

年金はあっても、奥さんと２人で生活していくのに精一杯でしょうから、お子さんやお孫さんには少しもいい顔ができません。
この未来予想図をどうお考えですか？」
次に、この見えている未来をより豊かにするプランについて述べます。
文句のつけようのない理屈に直面すると、
相手は納得し、覚悟を決めるしかなくなります。
そのときこそタイミングです。
「そろそろ決断できましたか？」
クロージングは、素早く、シンプルに問うのが鉄則です。

これからは、こうしましょう！

ただし本来、クロージングとは、
「出会ったお客さま一人ひとりに
良い思いをしてもらうために行うもの」
ということをお忘れなく。

理詰めで説明しよう！

34

切り札

「切り札」は、「ここぞ」というときに使ってこそ本来の力を発揮します。

トランプでも、ジョーカーを最初から手放すようでは、勝つ確率は低くなります。

交渉でも、最初から手のうちを見せないことです。

まず雑談しながら「早く本題に入ってほしい」と、

相手に思わせてじらすのです。

相手に関する情報が十分得られるまで本題に入るべきではないとも言えます（第4章32「まる裸」参照）。

相手がじらされて前のめりになってきたところが「これぞ」という情報を放つタイミングです。

これからは、こうしましょう！

切り札は最後まで取っておこう！

35 すり合わせ

交渉とはいわば、相手と自分の

「価値観のすり合わせ」

です。それは次のような作業からなります。

① 相手を自分の世界に引き込む

② 自分の考えを明確に伝える

③ 相手の考えを聞く

交渉とはこの①〜③のくり返しなのです。

別にウソをつくわけでも、やましいことをする
ことでもありません。

だから必要以上にへりくだることも、
本音トークを躊躇(ちゅうちょ)することも不要です。

ただし、最終的にこちらの要望が叶わなければ、
努力はすべて水の泡になってしまいます。

そこで、

④相手の考え方を根底から変える

という項目を付け加える必要があります。
「今までこんなこと、考えたこともなかった……
けど、わかる……」
という状態にすることです。
これからは、こうしましょう！

価値観をすり合わせたのちに、改新しよう！

36 強引 g my way

ぼくが不動産投資によって得た資産は、億を超えています。

お客さまには、ぼくと同じ気持ちを、
1秒でも早く味わっていただきたいと思っています。

だから、ときには強引に交渉します。

お客さまの決断が遅くなると、

その味わっていただく時間がどんどん短くなります。
さばきたてのマグロのトロと同じです。

ぼくたちが仕入れた商品が、
ずっと売れずに残っている保証なんて、どこにもありません。

扱うのはナマモノではありませんが、
ぼくたちはナマモノのつもりで、つねに本気で売っています。

だから、多少弱気な態度をお客さまが見せた場合、
相手のためを思って強めに売り込むときもあります。

結果、損はさせないという責任感と覚悟があれば、
「ときに強引良し」です。

これからは、こうしましょう！

おむすびの法則36

相手のためになる場合は、あえて強引にいこう！

37 損切り

「まず仲良くなってから」

「まず関係を温めてから」……

といったペースでは、モノはなかなか売れません。

最初から、

「買ってもらうつもり」が望ましいです。


だから、**少しでも煮え切らない態度が見えると、**

早々に勝負に打って出ます。

10分も経たないうちに、

「今日はまとまらなさそうなので、切り上げますね」

と、あえて突き放します。

そうすることで、

お互いにとって時間を有効に使うことができるからです。

不思議なもので、そう言うと、

「ちょっと待ってください」と引き留められることが増えます。

そこでぼくはこう答えます。

「本気で考えてくださるならお話しします」

これからは、こうしましょう！

はっきりしない人には、はっきり言おう

38 親近感

相手から親近感を得るために必要なのは
「**共通点**」です。

たとえば、相手に住んでいる場所を尋ねたら、
知らない場所を答えられたとします。

そんなときぼくは、とりあえず、
「あ、ぼくも住んでいたことがありますよ！」と合わせます。

ぼく「何丁目ですか？　2丁目？　ぼくは1丁目でした。
　2丁目の角にセブンイレブンだったかな。コンビニありますよね？」
相手「そうそう、ファミマだったかな？」
ぼく「あ、そうだそうだ、ファミマだ。よくファミチキ買いましたもん」
相手「あはは」
ぼく「いいところですよね〜。あそこの名前忘れちゃいましたけど、
　駅の近くのおいしいラーメン屋さんって、まだあります？」

もちろん、本当は住んだこともなければ、
ラーメン屋もコンビニも知りません。

でも、ラーメン屋やコンビニなら、
どの街にも必ず1つや2つはあるものです。

これが「ウソも方便」。ご愛敬です。

心理的な距離がぐっと縮まります。

知らない町の名前を言われて、

「へえ、そうなのですね」

で終わってしまい、盛り上がらないのと、どっちが良いですか？


これからは、こうしましょう！

共通点は方便！

39 ポールポジション

カーレースの世界で、
ポールポジション（最高の位置）という言葉があります。

予選レースで最もスコアが良かった選手のみが、
車を置くことができる位置のことです。

ぼくがお客さまと話をするときは、
このポジションを意識するようにしています。

話す「場所」を、必ず自社にするのです。

そうすることで、自分のペースで、
リラックスして話をすることができます。

これが相手の会社やホテルのラウンジなどであれば、
アウェイ感が強まり、弱気になってしまう可能性もあります。

アポイントが取れた時点で、
相手は自分の話を聞く姿勢があると言えます。
であれば、先手を取ってポールポジションを取る。

これからは、こうしましょう！

自分のペースで話したいなら、自社に引き込もう！

40

引き際

他愛のないウソを言っても、お世辞を言っても、
さらには本題に入ってからも、
相手がぜんぜん乗ってこないときがあります。

相づちが「はいはいはい、うんうんうん」と早く、
明らかにこちらの話を聞いていないことが伝わってきます。

そういうときは、「損切り」でもお伝えしたように、

「せっかくお時間をいただきましたが、
ご関心がないようなので、帰ります」
と、席を立ち、無理して居座らないことです。
出向いたのにそんな対応をされたのなら、
怒気すら含ませてもいいくらいです。

反対に、攻めるべきときは、楽しいときです。
相手と話が盛り上がり、あっという間に時間が過ぎてしまいます。

話が相手に伝わっている感じ、
自分とお客さまの息がバチッと合っている感じがあれば大切にしましょう。

しかし、急いてはいけません。

商談時間は短く！（第1章11「時間」参照）

まだ可能性がありそうなら次のアポにつなぎ、
見込みがなさそうなら、そのアポかぎりで
切ったほうがいいでしょう（第2章21「距離感」参照）。

これからは、こうしましょう！

おむすびの法則40

楽しいときこそ攻め、盛り上がらないときは切り上げよう！

第5章 塩コショウ

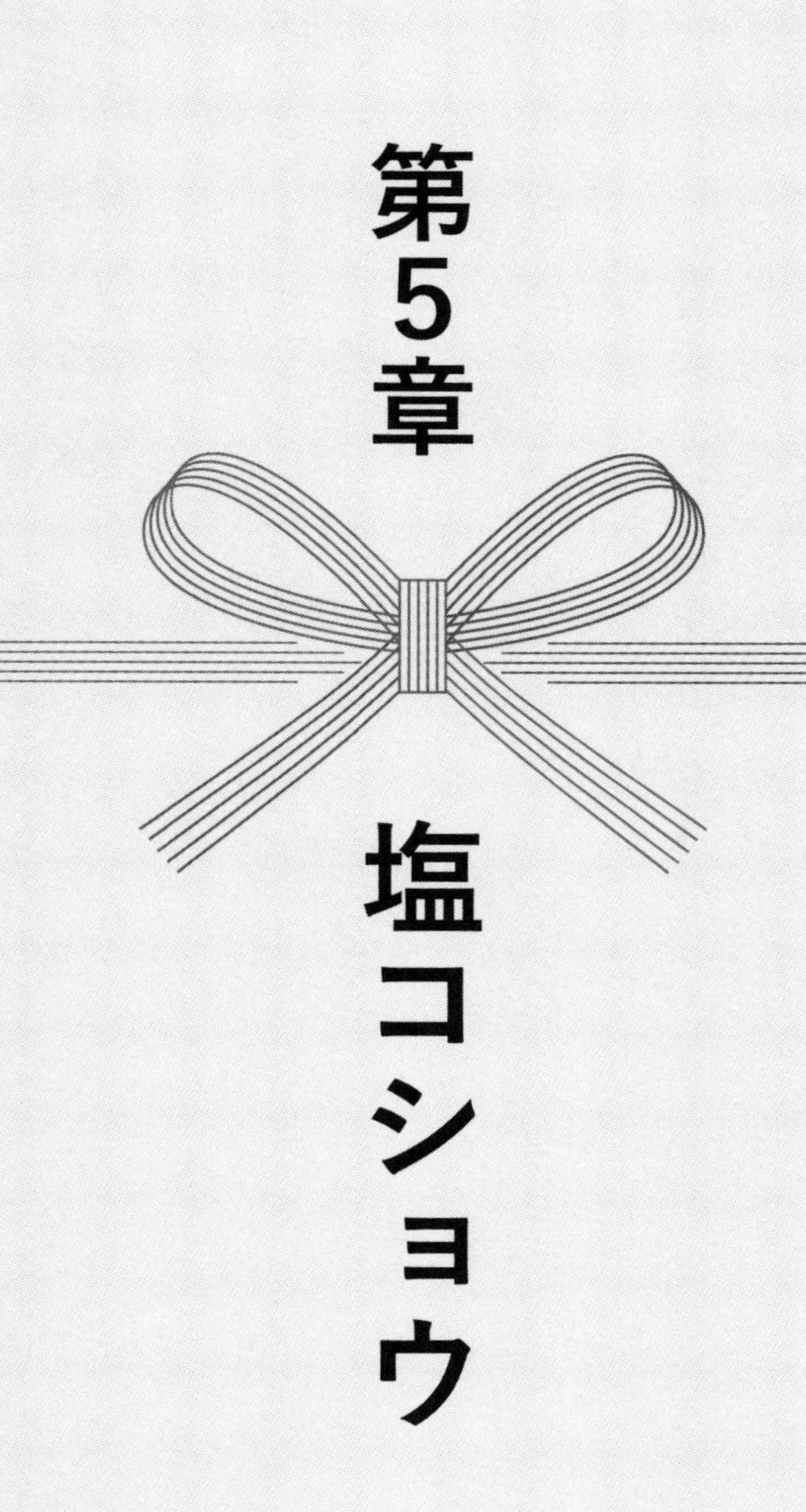

41 ハモる

第4章38の「親近感」でもお伝えしましたが、
共通点こそ親近感を生みます。

これは、「声」についても同じことが言えます。

相手の声色や雰囲気を真似れば、
相手は心地良く感じます。

歌を歌っていて、

うまくハモれたときの感覚と似ています。

だから、
相手が低めの声の人なら、自分も落ち着いた声で、
相手がゆっくり話す人なら、自分もテンポを落として、
相手が元気な人なら、自分も陽気な雰囲気で、
相手がシャイな人なら、自分も控えめの雰囲気で、
話してみましょう。

声色と雰囲気は簡単に変えることができます。

相手のトーンに合わせるのは
「音合わせ」「リハーサル」みたいなものです。
だから、最初だけでかまいません。

5分経ったら本来の自分のトーンに戻します。
その戻した瞬間のギャップが
相手の心をグッと引き込むのです。
それは、おむすびに使う塩コショウのように、
なくてはならないものです。

最初の5分だけ、相手の声色に合わせてみよう

42 なれそめ

相手の性格を知るためのヒントは、「配偶者とのなれそめ」にあります。

だからぼくは、相手が男性の既婚者なら必ず「奥さまとのなれそめ」を聞きます。

たとえば、そのなれそめが「学生時代の同級生」だったとします。

そこから類推できるのは、
「その男性が学生時代にかなりイケていたのではないか」
ということです。

女性は社会に出ると、
より魅力的な男性に出会う可能性が高いものです。
にもかかわらず、奥さまの側が
学生時代に出会ったその男性をパートナーに選択しているということは、
それだけの魅力が男性側に備わっていた（or いる）可能性が高いと
推測されるのです。

また、学生時代の彼女と結婚したということは、
ある意味、
社会人になってからの出会いには

期待していないとも考えられます。

そういう方は、
自分の感覚を一番頼りにする自信家の可能性が高いと言えます。

女性を口説くときも、過去の恋愛を尋ねますよね？

恋愛の過去を知れば百戦殆（あや）うからず、
なのです。

なれそめを聞く。
それは、おむすびに使う塩コショウのように、
なくてはならないものです。

応用問題を1つ。

「上司や先輩、友人の紹介による結婚」の場合、
その男性のどういう性格が類推できるでしょうか？
（三木高校入試問題、２０１６年度出題）

答えは https://www.facebook.com/omphiro/ に
また書きます。

過去の恋愛話から性格を推定しよう！

43
チラ見せ

営業マンが、よく、
パンフレットなどの資料やチラシ、カレンダーを持って
営業している姿を見ます。

しかし、ぼくは、
販促物は「見せないため」にある
と思っています。

だからぼくは、資料を相手に渡しません。

そもそも資料だけで伝わる程度の内容なら、
直接会う必要がありません。

資料を渡すと「お願い」している体(てい)になってしまい、
どこか必死感が漂います（第1章8「余裕」参照）。

資料を渡された相手は椅子にふんぞりかえり、
「へえ」なんてつぶやきながら
ペラペラとページをめくるでしょう。

だから、ぼくは、資料をいったん渡した後、
すぐに奪い取るようにして、取り戻します。

これは「意表」を突いていますよね？
（第1章2「意表」参照）

そして、資料は、自分側のテーブルの手元に
自分が読める状態で置いておきます。

相手側に向けて資料を置いてしまうと、
またしても自分が一生懸命
売り込んでいるような構図になり、
良くありません。

相手の興味をそそることを意識しましょう。
料理で言えば、塩コショウみたいなものです。

おむすびの法則43

販促資料は、お客さまに渡さない！

44 演目

営業の場は「舞台」です。

だから、演目を書いたプログラムと同じように、
面会したら、最初に、
何を話すかの「宣言」が必要です。

「今日は、1時間いただけるんですね？
では今日は、こういう話と、こういう話と、こういう話をします」

それは、おむすびに使う塩コショウのように、
なくてはならないものです。

最初に、話の流れを伝えよう！

45

優位性

サラリーマンだったとき、ぼくは営業マンによく

「3つ目の質問が、主導権を握る最初の勝機だ」という話をしました。

たとえば、1問あたりの正答率が80%の能力を持つ人物が、
3問全問正解する確率は、80%×80%×80%＝約51%です。

70%の人なら約34%になります。
ということは、答えを知っている3つの質問をお客さまに聞いても、

全問正解できる人はかなり少ないということです。
そこにあなたの優位性が生まれるポイントがあるのです。
それは、おむすびに使う塩コショウのように、なくてはならないものです。

お客さまに3つの質問をしてみよう！

46

隠語

相手が使っているキーワード（言葉）を
同じように使うことも、
また親近感を生む方法の1つです。

ポイントは「**隠語**」です。

たとえば、お客さまの会社で
「購買部1課」「購買部2課」の呼称が

「購買1」「購買2」という略語
であるとわかった場合、
自分もその略語を真似て使うのです。

さらに相手の事情に通じているところを見せればなお良しです。

「御社って、5時過ぎたら代表電話じゃなくて、
下4桁◯◯◯◯番にかければいいんですよね？」
「購買2の直通電話って、下2桁◯◯番でいいんでしたっけ？」

相手に
「内輪の人しか知らない情報を、この人物（あなた）は知っている」
という認識を持たせれば、そこに強い親近感が生まれます。

相手の会社特有の言葉を真似してみよう

隠語を使う。
それは、おむすびに使う塩コショウのように、
なくてはならないものです。

47 裏打ち

次のような会話をどう感じますか？

あなた「これはこうで」
相手　「うん」
あなた「こうすると、こうなってね」
相手　「うん」
あなた「だからこうなんだけどね」
相手　「うん」

倦怠感（けんたいかん）が漂っていますよね？

これが「聞いているようで聞いていない」状況の始まりです。
話すほうも、徒労感ばかりが募ります。

そこで、「裏打ち」という音楽のテクニックを応用しましょう。

裏打ちとは、
「タン・タン・タン・タン」と一定のテンポの間に
「タン・タン・（ン）タン」と、（ン）を入れ込むことを言います。

相手の「うん、うん、うん」という相づちの間に、
何か、一声入れるイメージです。

すると、

あなた「これはこうで」
相手　「うん」
あなた「こうすると、こうなってね」
相手　「うん」
あなた「(0・5秒待って)　でね」
相手　「う、うん」

のように、相手は相づちのテンポを崩します。

そして、このタイミングが、
まだ伝えていない重要な情報を明かすか、
一気に決断を迫るタイミングなのです。

「でね、じつは、こういうことなんですよね」
「でね、だからこそ、あなたにはこれがおすすめなんです。どうします？」

リズムを崩された直後は、
話が耳に入りやすく、決断もしやすくなるものなのです。

裏打ち、
それは、おむすびに使う塩コショウのように、
なくてはならないものです。

「でね」で、リズムを崩そう！

48 沈黙

裏打ちと合わせて、もう1つリズムを崩すテクニックがあります。
それは、**黙ること**です。

相手の「うん、うん、うん」という相づちの間に、
今度は、沈黙を入れてみましょう。

「うん、うん、（あなたの沈黙）、え？」
と、相手は反射的に顔を上げるでしょう。

そのとき、相手の目をじっと見据えて、こう言うのです。
「『え？』じゃないでしょう。ぼくの話、ちゃんと聞いてくれていました？」
ご関心がないなら、帰りますよ」

「沈黙は金、雄弁は銀」なり。

沈黙。
それは、おむすびに使う塩コショウのように、
なくてはならないものです。

沈黙でリズムを崩そう！

49

目線

「目線」には、心の動きが現われます。

たとえば、**相手が右上へ目線をそらしたときは注意しましょう。**

人が右上に目線を動かすときは、心理学で、
「未体験の新しいことをイメージしている際に多い」
と言われています。

そして、そのイメージには

計画や仮想の想定（ウソ）が含まれます。

ですから、**決して相手から目をそらさないことです**。

商品の説明をするとき、女性にお世辞を言うときは、

つねに真っすぐ相手の目を見つめましょう。

唯一、目をそらせていいのは、

話題を変えるための「ため」をつくるときです。

たとえば、答えにくい質問をされたときに、

「う～ん、それはなんて言ったらよく伝わるかな……」

などと言いながら目をそらします。

すると相手のほうから

「ところで……」と、話題転換してくれたりするのです。

視線。
それは、おむすびに使う塩コショウのように、
なくてはならないものです。

視線を効果的に使おう！

おわりに～士農工商、高仕様～

最後まで読んでいただき、ありがとうございます。

じつは、本書のもくじにはひと工夫あります。

この本の内容を覚えたかどうかは、
もくじを見て中味が思い出せるかどうかでチェックできます。

そうなるようにキーワードをチョイスしました。
ぜひもくじを復習に役立て、ライバルへの復讐の機会としてください。

さて、

「売上が上がらない」

「思うように結果が出ない」

「まわりが言うことをなかなか聞いてくれない」

読者の方の中にも、

こうした悩みを抱えた人が多いと思います。

人生、思うようにはいかないものですよね？

その気持ち、よくわかります。

20歳のころ、ぼくはギター1本抱えて大阪から東京に出発しました。

でも車で移動中、事故に遭い、いきなり顔を何十針も縫う大ケガをしました。

ようやく到着した東京。ですが、お金がないので
バンドメンバーと一緒に暮らしはじめました。
１ＤＫのアパートに男４人。
夏など、むさくるしくてたまったものではありませんでした……。

一日でも早くメジャーデビューしたかったので、
アルバイトはしないと心に誓いました。
しかし、そのせいで、毎日金欠。

アパートの家賃も払えず、
ジーパンのポケットの中に18円しかないこともありました。

わずかなお米でおむすびを作り、
何とか生きながらえていました。

安売りの豆腐ばかり食べていたこともあります。
ライブをしても、オーディエンスはたったの８人。
それでも地道に努力して、３００人くらい集められるようになりました。
そうしたら、運良く、音楽事務所にスカウトされました。

ところが、「さあ、これから！」というときに、
メンバーがストレスで入院したのです。

さらに、2枚目のアルバムのリリースにこぎつけたと思ったら、
今度は自分が交通事故に遭い、40日間入院することに。
歩くことすらできなくなってしまいました。
その間、メンバーの口からバンドの解散を告げられ、
どうしていいかわからなくなりました。

極めつけは、復帰後、あるバンドの演奏を見たことでした。
それを見て、ぼくはもう、音楽では勝負できないと気づいたのです。

そのとき、30歳。
20代で億万長者になりたいと思っていたぼくは、
タイムリミットが過ぎていることを知り、ギターを置きました。

好きな音楽で生きていけない人生なんて、どうせつまらない。
でも、どうせつまらないなら、お金をめいっぱい稼ぎたい。
そう思うようになりました。

それから音楽をきっぱりやめて、会社員になりました。
絶対にやりたくなかった営業の仕事です。

ＭＢＡとか博士号とか、
特別な資格やスキルがないぼくには、
仕事を選ぶ権利は残されていませんでした。

「おなかいっぱいごはんを食べたい！」
ただそれだけでした。

ただただ、必死でした。

すると、いつのまにか人並みに生活ができるようになり、
気がつけばトップ営業マンになっていたのです。

あきらめずにがんばり続けた結果、30代で道が拓けました。

今では、これまで味わってきたすべての挫折が、
現在の自分につながっているように思っています。

仕事は、失敗するものです。
問題は、そこで後悔にさいなまれ、
怖気づいてチャレンジすることをやめてしまうこと。
大事なのは、果敢に挑み続けることです。

あきらめない人に、チャンスの女神は微笑むと信じています。

この本が、おむすびに使う塩コショウのように、
みなさまの人生に効くことを願って。

三木浩之

杉田　章一様　　日章アステック株式会社　代表取締役
鈴木　章広様　　株式会社Space　代表取締役　社長
鈴木　大徳様　　The CFO Consulting株式会社　代表取締役会長兼CEO
鈴木　理沙様　　アールスリー労務管理事務所　社会保険労務士

高橋　則孝様　　株式会社ホライズンリゾートパートナーズ　代表取締役
高橋　裕之様　　株式会社デザインオフィスアリナ　代表取締役
高橋　佑輔様　　ハーネス　Master Bartender
高山　亜衣子様　　株式会社リスクマネジメント・アルファ　取締役
田上　悦至様　　フィールドアップホールディングス株式会社　代表取締役
津田　芳典様　　株式会社シティビルサービス札幌　代表取締役
都築　毅様　　株式会社ixio　代表取締役
富江　則之様　　株式会社リヨン洋装店　代表取締役

内藤　良介様　　株式会社日経エージェンシー
中山　拓郎様　　クラウドット株式会社　CEO/Creative Director
西　崇亮様　　株式会社東明サイエンス　営業第3グループ　リーダー
西川　将史様　　株式会社センチュリオン　代表取締役　社長
野上　真司様　　堺東ミツキボクシングジム
野口　靖彦様　　株式会社多摩川ソーラーシステムズ　代表取締役

浜田　智一様　　株式会社ハマダ　取締役
福島　結実子様　　編集者・ライター
宝積　広和様　　株式会社成和不動産　専務取締役
本郷　振一朗様　　株式会社アイ・シー・アイ　代表取締役

前田　浩輝様　　株式会社前田組　代表取締役　社長
増山　大様　　合同会社増山大建築研究所　塾長
松崎　為久様　　トラスティーズ　税理士
松田　健太郎様　　ルクソニア株式会社　代表取締役
松元　伸弥様　　株式会社タカラ　代表取締役
水成　直也様　　功記総合法律事務所　弁護士
水野　浩幸様　　有限会社ミズノハウス　代表取締役
村岡　進一様　　インフォーカス株式会社　DESIGNER
毛利　洋之様　　株式会社SRインベスティング　常務執行役員
森　英明様　　株式会社トラストマネジメントジャパン　代表取締役

八木　チエ様　　株式会社不動産投資の教科書　代表取締役　社長
安永　賢信様　　マイエフシー・アドバイザーズ株式会社　代表取締役
山下　剛芳様　　行政書士山下綜合法務事務所　代表行政書士
山田　千尋様　　株式会社ホットハウス　専務取締役
山西　恵子様　　株式会社クランツ　代表取締役
湯佐　吉宏様　　世田谷区議会議員
横倉　大祐様　　鍼灸師

若林　圭一様　　圭一屋　代表
渡部　智様　　株式会社ライフエフェクト　代表取締役

All OMPartners
Dear my friends
Family
0108

Very special thanks

丸尾　孝俊様　バリ島に住まう気さくな日本人大富豪　兄貴
クロイワ・ショウ様　ほぼノンフィクション作家　工学博士
宇野　公啓様　株式会社 フリーダムインベストメンツ　代表取締役
齊藤　忠様　総合法令出版株式会社　営業部部長
大島　永理乃様　総合法令出版株式会社　編集部

Special thanks

秋山　勉様　秋山勉税理士事務所　税理士
飯尾　恭平様　株式会社Cosmo Bridge　代表取締役
飯塚　貴規様　司法書士法人飯塚リーガルパートナーズ　代表司法書士
一岡　一様　株式会社ハードロマンチッカーズ　代表取締役
一柳　暁様　株式会社ライフテック　代表取締役
伊藤　洋輔様　駒沢公園動物病院　院長
植田　浩司様　株式会社不動産経営研究所　代表取締役
浦前　忠彦様　株式会社ニュースペース・コム　企画室　室長
大岡　由弥子様　株式会社オーエスエス　代表取締役社長/CEO
大滝　康一様　株式会社バリオン　代表取締役
大林　健太郎様　千葉テレビ放送株式会社　東京支店営業部部次長
大村　雅弘様　株式会社カノン　取締役
大屋　勝次様　株式会社プラス　代表取締役
緒方　健人様　株式会社プルアップ　代表取締役

加藤　浩二様　株式会社ブロード・プランニング　代表取締役
神沢　幸子様　一般社団法人日本セレブ協会　代表理事
川口　祐司様　株式会社エターナルプロパティーズ　代表取締役
木村　節三様　KEC教育グループ　理事長
木村　大様　株式会社トップコンシェル　代表取締役
木村　比呂志様　株式会社レーベル　代表取締役
木山　辰晴様　株式会社ハル不動産オフィス　代表取締役
工藤　邦昭様　株式会社工藤　代表取締役
黒田　明博様　コーンズ・モータース株式会社　フェラーリ東京ショールーム
黒田　悠介様　税理士法人Bridge　東京事務所長
小泉　正鐘様　因島フェリー株式会社　代表取締役
小坂　弘章様　つばさ総合プラザ　司法書士
小嶋　孝博様　よあけ　代表
小島　時昭様　医療法人恵中会　小島クリニック　理事長　医学博士
金野　健太郎様　三井住友海上火災保険株式会　東京北支店池袋第二支社支社長代理
後藤　博幸様　環境ステーション株式会社　代表取締役

齋藤　聖泰様　株式会社アルファー　代表取締役
斎藤　友樹様　エフティ不動産株式会社　代表取締役
佐々木　卓様　株式会社プランニングネットワーク　代表取締役
佐藤　真吾様　鮨　真喜　店主
猿田　伸幸様　SMOKE&VEGETABLE　BISTRO　SARU　店主
塩野　博行様　リタ・マネジメント株式会社　代表取締役
宍戸　恒夫様　株式会社別海清掃センター　代表取締役
嶋本　将平様　株式会社ジュケイズ　代表取締役

『自分も周りも幸せにする おむすび』
読者限定プレゼント

小冊子
「サラリーマンが
不動産収入を得る方法」を
差し上げます！

本書をお読みくださった方限定で、
小冊子「サラリーマンが不動産収入を得る方法」の
PDF をプレゼントいたします。
キーワードは、**978-4862805072** です。

ご希望の方は、下記ホームページまでアクセスください！

http://omp-s.co.jp/present

三木 浩之 *Hiroyuki MIKI*

OM パートナーズ株式会社　代表取締役
OM ビルデザイン管理株式会社　代表取締役

大阪府出身。東京都港区で働く不動産会社の社長。

近畿大学附属高校卒業後、ビジュアル系アーティストになる。

CD デビューを果たすも、メンバーの脱退や交通事故など、幾多のアクシデントに見舞われ音楽活動を停止。30 歳から営業職のサラリーマンとなる。

その後、独立。OM パートナーズ株式会社を立ち上げる。

同社は現在、北海道から九州まで自社ブランドを展開（2016 年 4 月現在）。

また、三木個人としても億を超える資産を保有する。

◆ OM パートナーズ株式会社　ホームページ
http://omp-s.co.jp/
http://omp-s.co.jp/investment/
http://omps.co.jp/realestate/
http://ompartners.jp/

自分も周りも幸せにする　おむすび

2016年6月5日　初版発行

著　者　三木浩之
発行者　野村直克
発行所　総合法令出版株式会社
〒103-0001　東京都中央区日本橋小伝馬町15-18
ユニゾ小伝馬町ビル9階
電話 03-5623-5121

印刷・製本　中央精版印刷株式会社

落丁・乱丁本はお取替えいたします。

ISBN 978-4-86280-507-2

総合法令出版ホームページ　http://www.horei.com/